Claudia Cáceres Franco

Retorno Hacia al Antiguo Sur

Claudia Cáceres Franco

Retorno Hacia al Antiguo Sur

Poemario

JustFiction Edition

Imprint
Any brand names and product names mentioned in this book are subject to trademark, brand or patent protection and are trademarks or registered trademarks of their respective holders. The use of brand names, product names, common names, trade names, product descriptions etc. even without a particular marking in this work is in no way to be construed to mean that such names may be regarded as unrestricted in respect of trademark and brand protection legislation and could thus be used by anyone.

Cover image: www.ingimage.com

Publisher:
JustFiction! Edition
is a trademark of
International Book Market Service Ltd., member of OmniScriptum Publishing Group
17 Meldrum Street, Beau Bassin 71504, Mauritius
Printed at: see last page
ISBN: 978-620-3-57475-3

Claudia Cáceres Franco

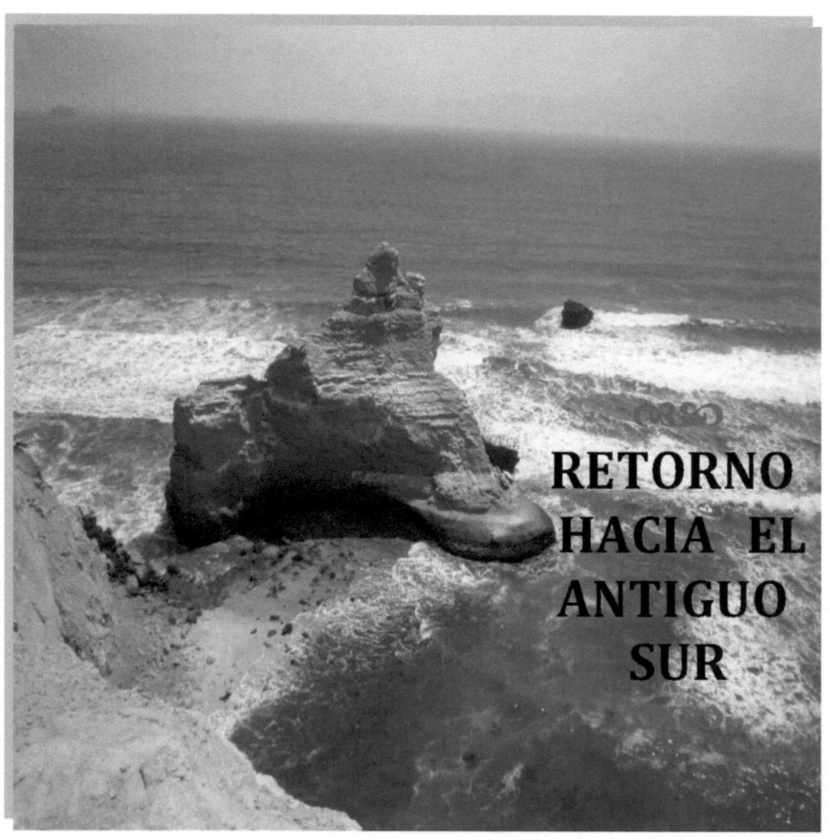

A mi familia

Abrí las alas y me arriesgué, no sé si llegué lejos o si fue una ilusión, más heme aquí, y la pluma se mantiene entintada.

Gracias a ustedes.

Contenido

PARTE 1

Divaga en Historias

Extraño ser

Extraño ser,

vagabundo transparente en medio del tumulto,

su vida circula bajo puentes y estrechos callejones,

desorientada silba por el muelle, sin ser oído, sin llamar la atención

El tiempo se escurrió para él,

vagabundo transparente en medio del tumulto,

su fiel amigo huyó por algún hueco seco,

por alcantarillas de cristal

Extraño ser,

su expresión soñadora lo delata,

reconoce la música, pasea por los parques

sin ser oído, sin llamar la atención.

Tras el reflejo de la luna,

vagabundo transparente en medio del tumulto,

su escalera aparece, las llaves del cálido hogar caen ante él,

y recita, declama, ¡grita!

Extraño ser,

su reacción asombra; pendiendo de una cuerda ve el reloj,

circula por el callejón, atraviesa el muelle,

cruza los parques, recoge las llaves, sube la escalera y entra:

Lo esperan mil pastillas,

un poco de agua

y otros vagabundos transparentes en medio de un tumulto blanco,

todo blanco.

Leer

Al leer

amarillentas páginas,

pasado ancestral

de amigos autografiados,

se preguntaron por la verdad

Sonrojados diarios

pasado cercano

y recuerdos ingenuos,

¿recordarán la realidad?

Grafiti en paredes

pasado inmediato

un sentimiento impulsivo,

¿existirá una respuesta?

Entre líneas clavadas en el corazón

pasado un minuto,

fugaces palpitaciones fingen

haber conocido la razón

Al leer,

se confundieron imágenes inventadas,

un pisa papel ensangrentado,

una carta suicida,

y la respuesta a todas sus dudas.

El artista

En el silencio alzó la mirada

quedó perplejo ante un óleo vertical

una especie de puerta bidimensional

un espacio ajeno al suyo,

propio de un profundo lapsus interior

Sus diminutos ojos parecían soñar

aquella obra le permitió abrir el alma

una especie de puerto lejano al presente,

camino de fantasías disfrazadas

Tras unos pasos cortos

extendió la yema de sus diestros dedos

acarició el óleo suave, lento,

tibio amor y deseo primario

entre el artista y él

...Una escalera invisible

y su nombre en la esquina inferior derecha...

Terciopelo verde

Estrella de terciopelo verde
varada junto al descanso
vives de humedad y delirio
luz extraña desde el centro

Entre cojines, mantos y aserrín
guiñas coqueta ojos cristalinos
guardas celosa aroma a canela
dulce veneno que embriaga caminantes

Estrella de terciopelo verde
manos te rozan de sur a norte
seduce tu escondite encendido entre el polvo
revelas fantasías olvidadas en copas

Entre plumas, tules y arena
fuente caliente de secretos añejos
pequeña estela aún errante
latido mío, latido del universo

Quedó

Quedó:

penumbra del puente a lo lejos

callejas en barro y piedra lisa

memorias al paso recorren cada esquina

Farol escondido entre sombras ciegas

pileta de ángeles y flores blancas

recuerdos frescos caminan la plazuela

Y en medio del gentío, una banca vacía

hojas secas, amarillento diario sin tiempo

fugaz presente lejano:

quedó.

Brisa de amapola

Rama profunda escondida

en el fuego sexto,

pentagrama gris derrama cera esmeralda

entre notas de un cajón

Brisa de amapola se descuelga

y por la lumbre abierta

silencio de sol en teclas marchitas

cuarteto a voces rebasan el ventanal

Y entonces,

Quebrado el hechizo en la laguna

al unísono: braza de rama profunda

y brisa de amapolas,

entonan melodía al compás de un violín lejano.

Imágen

Amaneció junto a los juncos,

a lo lejos, se veía el bosque de alerces tupido,

el rocío devolvió la sal del molino,

y, tras del invernadero,

surgió mi imagen bañada en templada brisa otoñal

Presente envenenado

Pensando en un límite blanco

encontré tus ojos,

entre sombras, tus labios

bebiendo de a pocos aquella miel

Y fui acercándome

dejando atrás figuras eternas,

creando nuevos soles verdosos

tomándote gota a gota

Quebré mi horizonte cercano

ingresé entre orquídeas lilas

para cubrir mis fantasmas

Creyendo en caricias y locura

tendida en enredaderas de fuego,

acepté el presente envenenado

Regreso del sueño

El paraíso fue al regreso del sueño
tarde de palmeras y mantos de mi tierra
sueños ligeros abrazados a la hamaca
perfume a mundo de piedras y moluscos

El paraíso fue al regreso del sueño
tarde de sol y escala de naranjas
sueño abierto en un globo turquesa
perfume a sal de bambú y cañas

El paraíso fue al regreso del sueño
con la tristeza borrosa de un nombre extraño
sueño lejano más no distante
perfume a incienso de brisa y hombres

<u>Retorno hacia el antiguo sur</u>

Empezó a caminar a rumbo desconocido,

pasos suaves se deslizaron por el pavimento carcomido en humedad

Con esquirlas borrosas en sandalias negras,

se fue alejando, pisando fuerte con el pie derecho

Luego, giró en dirección opuesta al sol

y se perdió cuesta abajo

Quedó la huella arenosa y visible

el retorno hacia el antiguo sur

PARTE 2

Poemaginario

Bailarina de cristal

Cuando menos se lo esperó surgieron desatinadas notas,
retumbaron en la noche deteniendo el silencio q lo mantenía cuerdo
los acordes hipnóticos, las campanillas agudas calándole el pensamiento,
los mareos a pesar de la quietud de la habitación

Su cuerpo adormecido por una sustancia helada en las venas,
el aire le supo a hierba, yodo y alcohol
imágenes vagas en sus ojos grises, sombras blancas, sombras tristes
un rostro parco balbucea, respira, se acerca a él

Entre cascadas invencibles y estrepitosas cuerdas,
logró volver a la luz de una vela, al final del pasillo interior
con manos temblorosas pudo cogerla, acariciarla, liberarla de la cajita
- bailarina de cristal -

…Su lucidez, aún atrapada en desatinos incurables...

Muerte dominical

Que simple es la tarde, compartiendo un café helado
o un té de menta refrescando el salón
un libro entreabierto, una página marcada
y el reloj detenido desde las seis

En la terraza contigua ya no transcurría la vida
viendo pasar albas y crepúsculos en segundos
sintiendo el tibio vaho de diciembre
recordando el escurridizo viento de un abril lejano

Luego de una siesta eterna
la hamaca grande acariciada por la brisa
le anuncia que es tiempo de volver
la madera crujiente de techos y parqués tibios lo confirman

Un día menos… memorias vienen y van
moviéndose sin apuros, coloca sus pies en el suelo
hace un ademán de levantarse, pero la pereza puede más
la delicia del ocio dominical le dice que,

La vida entera se congeló un domingo;

con el reloj detenido a las seis

agradece la caricia inventada de una mano no olvidada

y disfruta su muerte, en la finca de sus sueños, aquella tarde

Lobo solitario

Camino bloqueado del tiempo: rocas caídas,
esquivos pinos se traslucen en el agua cristalina
en las alturas de un monte,
una cabaña al pie del río

Una canoa roída y él: sobreviviente, único ser,
varias noches pasaron desde la última canción
el calor de antorchas clavadas en la rivera,
el mate al atardecer
…Y su sonrisa abrazando historias…

Cuando los copos de nieve empezaron a caer,
la abrazó fuerte bajo el cobertizo
sintió un hilo helado subiendo por sus piernas
y lo supo. Tomando un sorbo de mate aún tibio, dijo:

"De las noches a la orilla del rió, esa fue la última vez que te abracé,
las antorchas se desvanecieron, tu corazón humeó con ellas,
y te besé más fuerte aún, prometí quedarme junto a ti,
yo lobo solitario, el último ser enamorado en la cima del monte.

Valle Azpitia

Valle extenso destila aroma a uvas verdes

tras el bodegón roído, yace la sepa madre y

racimos de memorias de aquel pueblo pisquero,

donde ríos caudalosos desembocaban en barricas

fermentando recuerdos

Solía correr descalza por entre las parras

recogiendo imágenes de cada rama

acompañada de aves silvestres,

llegaba cuesta abajo a la cabaña del viejo

siempre al atardecer

Con el cielo anaranjado en sus palmas azules

prensaba las frutas en el balcón

cada semilla volvía a la tierra en un respiro,

nutriendo su alma de aguardiente fresco

y contando historias de cuando el valle derramaba dulzura en cada rincón

Rayas azúles

Medias blancas a rayas azules, zapatos de charol. El cabello recogido contra el viento del oeste y no es cálido,

se respira a norte por lo fresco, olores de otoño en cada soplo se enredan en su cabello...

me gustan las medias entre lo sombrío en movimiento, se dejan ver bien.

Hoy no lloverá - viernes y sábado tal vez- ... se alejan... polvo se levanta, ¿o es bruma? Hay bruma hoy.

Quizás será una tarde de sol. ¿Yo me quedaré afuera? ¿O adentro? El silbido intenso y acorde a mis sentidos

delatan una canción serena y la culpa en mi memoria cercana.

Zigzagueantes rayadas y azules, pero el cielo está aún cerrado, a pesar de su luciérnaga en el pecho,

el sabor de limón y miel en los labios es una fracción de vida,

reflejo de tierra y telas de araña, cuarteado destello dorado, tiritando, tarareando, deténganse,

¡Hay fuego rojo!

Perdidas... descalza sobre madera barnizada, tibia. Distante del afuera, flores de lavanda distraen, no se miran,

no son rayas, ni azules, ni frescas caricias. Agua. Sobre su infinito cabello enredado cae la noche,

lo peina tiernamente: calma mi niña; las encontraras, verás. Duerme ahora.

Blanco.

En círculos

Andaba en círculos.

sin abrir los ojos, luego de unos pasos flojos,

se encontraba nuevamente ahí; en el mismo punto gris.

¡Ya basta! su mente grito

entonces, optó por divagar en un mundo paralelo…

… Un día verde, como hoy, el olor a eucalipto refrescó su mente pálida,

por la alameda de tierras húmedas, un potrillo azabache galopó hasta

alcanzarla

De reojo, ella lo observó. Él, no dijo nada.

y con el eco combinado de cascos y botines,

se alejaron rumbo al valle encantado de eternas parras

Pasos Lerdos

Pasos lerdos se sienten venir al ritmo uniforme de la lluvia,
sin premura van salpicándose al contacto del pavimento
sin sufrir aceleramiento alguno,
van cuesta arriba, contra corriente

Sumando ráfagas inesperadas,
pasos lerdos no se inquietan ante el gentío desesperado por refugio
serenos ante la proximidad de la tempestad,
esquivan la furia de transeúntes empapados

Sobria caminata bajo un cielo gris,
desprovistos de paraguas o protector alguno
disfrutan de cada gota,
de cada rayo que evita su lerdo andar

Al final de la cuesta, sombras se desdibujan a su alcance
van diluyéndose pasos lerdos en tinta china
absorbiendo el líquido regado por las calles,
devolviéndole el calor al paisaje aun brumoso

Regalo tormentoso

Tormenta cercana de una de esas tantas noches, me regaló un botón amarillo

sus pequeños orificios en ligero relieve invertido, me miraban

otros caen aún disparejos, insonoros y van rodando por la acera,

posándose, luego de un vuelco circular, en puertas entreabiertas

Pero hasta mi rodó él; pálido, ovalado y hueco

al frente, uno rosa con alas de libélula en verde opaco

privilegios de la lluvia de destellos,

o quizás, de un planeta imaginario llamado boterra.

Cuando escampe la tormenta, y no haya más botones rondando en mí cuidad,

¿Qué hacer con el pequeño amarillo?

¿Dejarlo pendiendo del alfiler que lo sostiene desde que lo recibí?

¿Atesorarlo en el cofre de botones tormentosos?

¿Sabrá usted si existe acaso,

un manual para botones imaginarios

caídos en una de esas tantas noches de tormenta en la cuidad?

El artista II

Creación de metáforas propias y el color dentro de mi cabeza, ¿Lo ves?

historias compartidas en páginas plasmadas de sensaciones ajenas, ahora también míos,

dándole rostros a imágenes no existentes y mí relato en borrador

No rento ni pido libros prestados, los compro, les pongo mi nombre en la página prima

en la esquina derecha y la fecha, herencia de mi padre,

lo vi hacerlo tantas veces en sus propios libros

La duda e inexperiencia bajando por mis dedos: empezarla o como continuarla,

cuantas palabras en ese imaginario individual convertido en compartido,

fuera de la fantasía donde mis cuentos duermen protegidos. Pues, ¡desprotégelos!

Siempre una pincelada sobre el blanco o el gris,

unas gotas de inspiración y ese mariposeo recorriendo el cuerpo entero,

la historia surge, avanza y retrocede, ya no soy yo, pero lo fui, y olvido su nombre ¿o es el mío?

Un vaho atraviesa mi cabeza, presiona de derecha a izquierda,

y un retorcijón en el estómago, ¡vaya nervios!

locura de autor y el olor de la manzanilla fresca cosechada por la nona de cabellos de plata

Caballero de papel

Sentarme, un día más, mirando esa pared y esta presión en el oído…
…duele. Tras la ventana que se desdibuja a mi espalda, hay seres,
otros. Los desconozco pues el gris me los impide
aquí adentro, oigo voces al unísono: sonido distorsionado, difuso e incoloro
significa ya nada… no aves, no agua, monotonía

Mancha amarilla plasmada en esa pared,
triangular por azar, ¿de pintura o añejo papel pegado?
inerte ahí, en la esquina izquierda, aburrida,
no, no lo es. Ella tiene la vista libre hacia la ventana, al mundo externo, al silencio,
la observo fijamente:

Antiguo caballero impermeable y sombrero de papel
cabalga a paso simple, sin llegar a mí ni a la ventana,
atrevido ignorante, ignorando (me) la vida fuera de aquí
¡quieto, quieta! ¿Dónde estuvo todo este tiempo? fija, aquí.

Sin sol ni lluvia otoñal, parada en el mismo rincón desde sabe quién o cuando,
el ancla en mi cabeza, en mí oído pesa… duele, me impide voltear hacia más allá,
entonces grito. Más voces insignificantes, sin rostros, y me pregunto:
¿Acaso soy real? ¿Es la mancha amarilla un caballero real?

PARTE 3

Et pourquoi pas?

Être ailé

Œuvre tragique. Êtres ailés, cloîtrés
éphémères entités pendues en croix.
un chant épique brouille les esprits désaxés.
absence.

Colossal. Beautés rivées dans la souffrance,
le tourment s'annonce en rafales d'envie,
en spectre de chevalier souillé du sang vaincu.
asymétrie.

Ornement sombre. Incarnations abstraites,
en corps soyeux et mous,
un regard oscillant, une prière vers les cieux,
inertie.

Soupirs. Nature surréelle captive,
dulcinées sacrifiées,
sublime délire aux portes des moulins.
deuil.

Mon avenir

Liberté: arôme à brise marine,
allée arrosée d'un blanc immaculé,
enrobée du bois d'eucalyptus,
guident ma traversée vers le fantasme (attendu)

Châtains mirages de mes yeux illuminés,
marcheuse suis-je d'une nouvelle vie,
j'ensemence d'espérance mes pas certains,
à l'horizon, transparentes collines de sables émergentes

Sourire cueillit d'une palpable fraîcheur désirée,
face à moi, nature céleste se plonge orangée, rosée, jaunâtre,
dans l'immensité étendue et salée du pacifique,
l'humidité accablante déploie mes rêves d'antan

Je suis, mon avenir.

Retour vers l'ancien sud

Il reviendra dimanche d'un été tardif,

renaissant d'entre les braises encore fumantes

en fredonnant, joyeux, la mélodie songée de nos fantaisies.

Les mouettes surveilleront son trajet, survolant jour et nuit la rue principale,

ses pas seront illuminés par un soleil majestueux,

la tiédeur de son regard ornera le village,

Le sortilège sera donc lointain

mon fantôme geôlier s'évanouira, enfin,

le feu de mes entrailles embrasera son intimité,

L'été tardif s'éveillera alors

dimanche,

en traversant le portail de la rue du sud.

De beauté et ruines

Dépourvue de sa volonté, des rafales fais-je surgir,
pénombre et maléfice
viennent vers moi.

Sa peau, mon trésor,
sa beauté, votre ruine
viennent vers moi.

Patronne des ténèbres,
des âmes oubliées, suis-je
venez vers moi en barcasse.

Je suis l'élixir pour vos veines,
venez sur l'eau, à jamais
avec moi, dans moi.

Absence

Dans une vaste mer rouge,

le reflet d'une pâle présence guide mes pensées vers l'infini absent,

la lueur de ses cheveux de jais perdurait,

sur des terres peu fermes, une fille fut oubliée.

De la profondeur des eaux ressurgissait sa silhouette spectrale,

lointaine du nébuleux chemin, mon âme la gardait en souvenir,

vie à la dérive, l'impuissance de l'amour perdu,

aucun battement du cœur dédié à elle… Trop tard: je l'ai perdu!

Miroir vide

J'ai navigué dedans les miroirs vides, où le dialogue du silence abritait mon ventre,
me confinant dans une sphère céleste, maléfique.

Dans les sables mouvants du bord de la mer,
ma peau priait le sommeil éternel,
la fin d'un sentiment pétrifié.

Parmi le clair-obscur des lunes altérées
le chagrin des eaux funestes, affolées par la vanité d'un rêve si impertinent,
j'ai fissuré le mirage de ma vie,
l'illusion naïve traversant les reflets perdus dans le bleu éternel des soies suffocantes

Musique de l'adieu

Rétrospection. Silence. Piano.

lointain après-midi brumeux, humide,

petits doigts posés sur les leviers blancs,

tiédeur interne rougit ses joues.

Ouverture. Inhalation. DO, RE, MI…

possible existence, seul parmi elles,

« Je comprends, ce sont mes notes »

harmonie allume l'esprit enfermé.

Transition. Exhalation. Mélodie.

sa voix présente au bout des mains,

composition d'une âme blâmée,

soucis en suspens en LA majeur.

Clôture. Silence. Silence.

Sentier boueux à l'horizon,

une larme sur un visage crispé

L'adieu.

Légende

Si la dernière nuit d'été

me donner des tulipes bleues,

les regards des piétons perdus

se dessineraient ailleurs, encore

Mais, ce soir-ci

le ciel était encore rouge,

la légende urbaine d'un avenir en paix

toujours présent dans les traces de l'inconnu.

La mort

Pas de toi au bout de l'arc-en-ciel

ton visage introuvable

dans le sourire d'une ombre sans ailes,

et ses yeux qui hantent mon âme pétrifiée.

N'ai pas peur d'elle, mon amour,

à quelques pas du bout du monde

se respire encore l'essence à jasmin

de ton corps inerte.

Tâche de l'univers

À ce moment-là,

parmi les tonalités pures et mélangées,

je me sens privilégiée de faire partie de cette immensité,

de ce cadre de beauté infinie,

d'être au moins une particule

qui apprécie les détails de notre terre,

Et oui, c'est maintenant, à 36 ans, que je réalise

que je ne suis qu'une tache de terre dans l'univers.

Poemas escritos entre el 2000 y 2014 en Lima-Perú, Virginia-EE.UU y Montréal-Canadá.

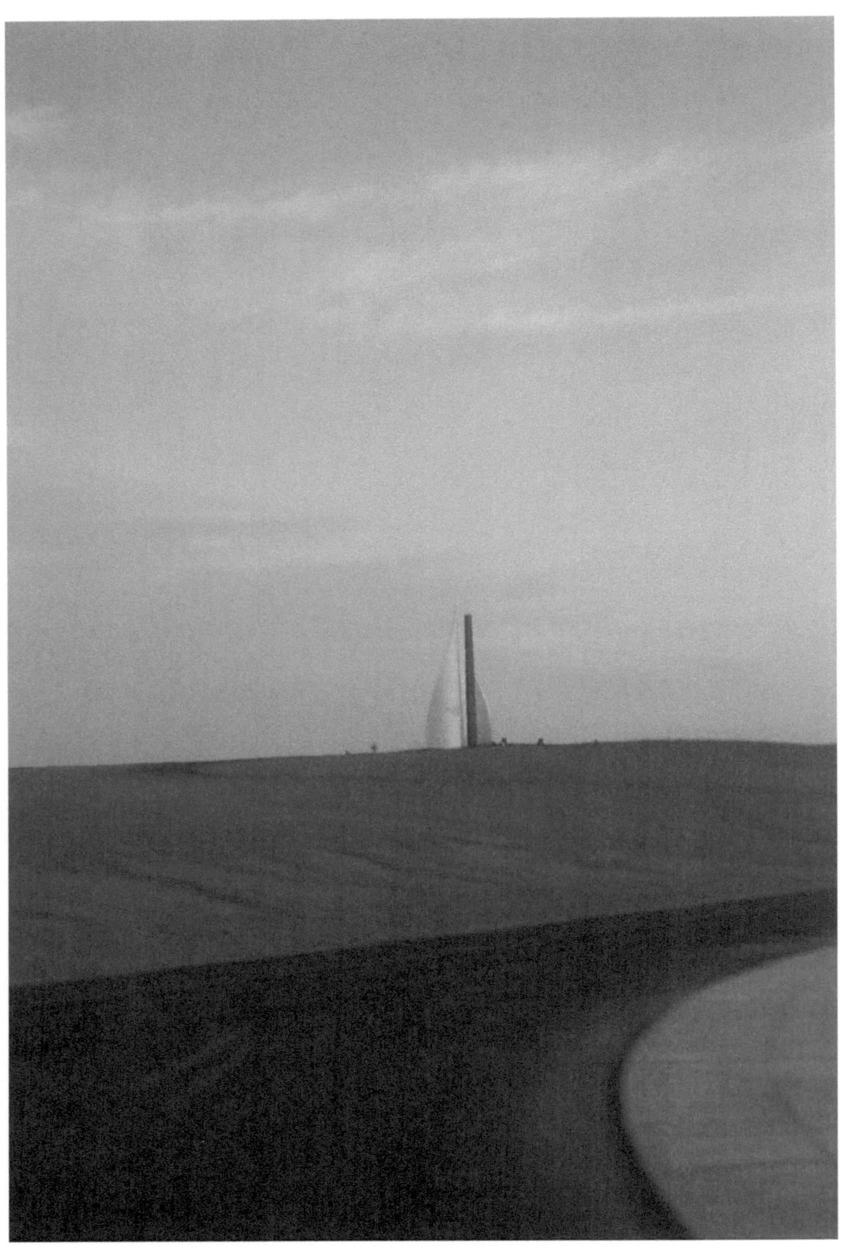

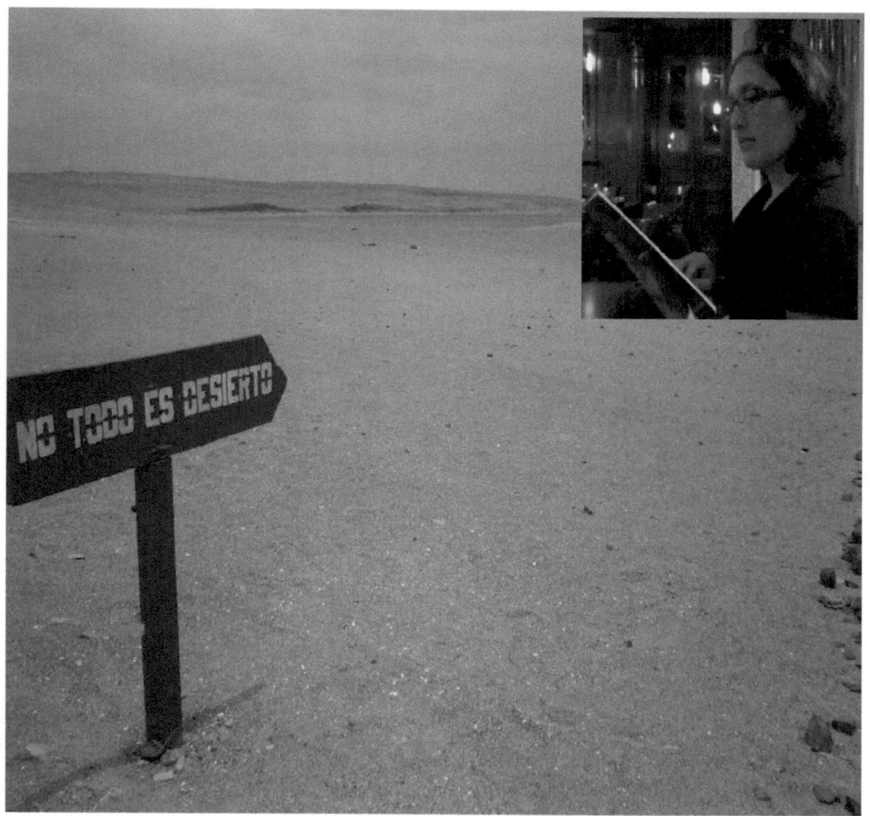

Claudia Cáceres Franco descubre el interés por la escritura poética cursando la secundaria. En 1993, recibe el primer puesto en el concurso de poesía escolar, convirtiendo la escritura en una verdadera pasión y en una búsqueda constante de su verdadero ser. Ha publicado poemas y cuentos cortos en diversos blogs, revistas y antologías virtuales, así como también ha participado en festivales, lecturas y recitales poéticos internacionales, tales como, el recital internacional en homenaje a las heroínas de la historia decolonial de las Américas: día internacional de la mujer (marzo 2021). A esta segunda edición de su poemario Retorno hacia el antiguo Sur (2014), le sigue Segunda Vida: poemario II (2021).

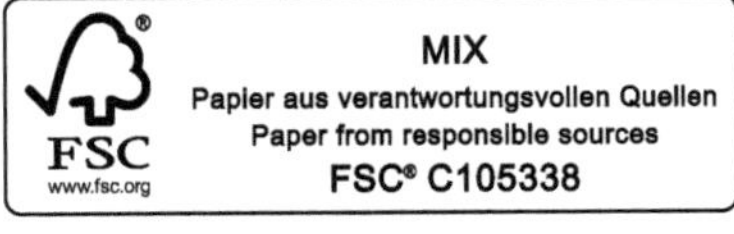

Printed by Books on Demand GmbH, Norderstedt / Germany